幸《さいわ》いをいただきまして

このひとときを大切に

ブックデザイン　石川直美（カメガイ デザイン オフィス）

写真　上牧佑

目次

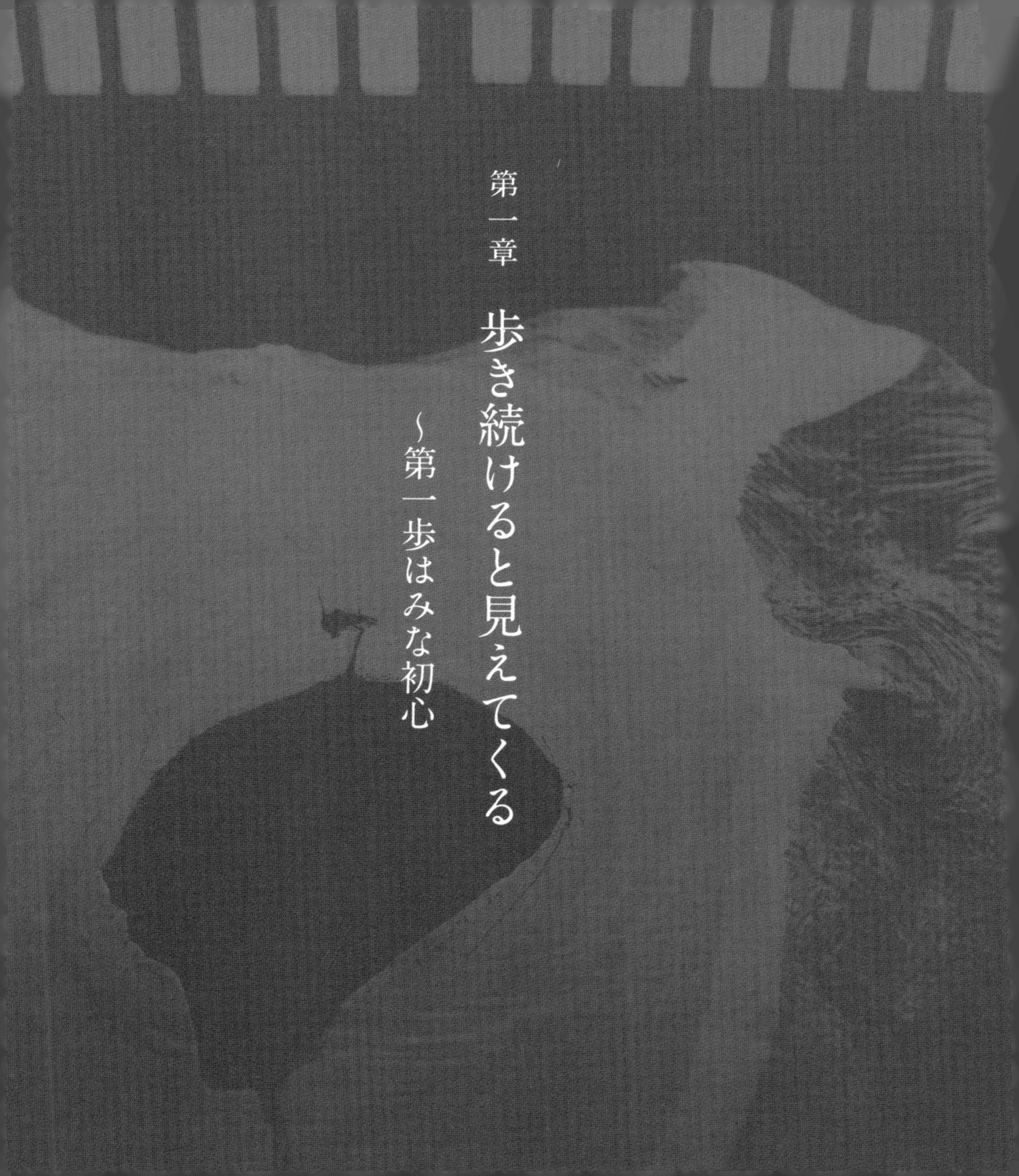

第一章

歩き続けると見えてくる

～第一歩はみな初心

お寺の修行というのは、
日々同じことの繰り返しです。
なぜ、繰り返し同じことをするのかと言いますと、
同じことを熱量をさげずに繰り返し行じていると、
悟りにいたる可能性があると、
昔から言われているからです。

私のお師匠さんは、立っていても坐っていても、お茶を飲んでいても、非常にお姿が美しい方でした。そして、「坊さんっていうのは、変わったことをせんでええねん。日常のことをあたりまえにしとったらええねん」という人でした。しかし、その師匠もまた、かつては命がけの修行をされた人でした。下積みがあってこそということです。

どんな達人といわれる人でも、第一歩を踏み出したときは初心者です。どんなに辛く苦しいことがあっても、努力の炎だけは絶やしてはいけません。その先に見えてくるものがあるのです。

山を歩いているときに思いました。
今はわからなくても、ただまっすぐに前を見つめて
日々のことをおろそかにしなければ、
いずれ何かの光が見えてきます。
すべては今日の自分の心から始まります。
一日一日の積み重ねが自分の人生を切り開きます。
その人生の主役は他ならぬ自分自身です。

今よりもう一段上へと、
命ある限り努力をしてみようと思う心が大事です。
歯を食いしばって努力をし続ける先に、
一ミリとか〇・五ミリのちいさな変化があります。
そうやって、自分の器が少しずつ大きくなっていきます。

話を聞き、あるいは本を読んで
頭で論理的にわかっただけではいけません。
実際に笑顔を浮かべ、
明るい心をもって、日々を送る。
これが肝心です。

誰かが言った言葉をたくさん集めて
知識として頭に入れるのでなく、
その中のひとつでいいですから
実践することが大事です。
実践に意義がある時代がまさに「いま」なのです。

日々なすべきことをなし
努力できるときに努力する。
努力の貯金の心がけ。

生きているかぎりは、
人それぞれの生きかたを探さなければなりません。
生きかたを探し求めるには、哲学や宗教を道標にしたり、
そして何よりも私たちの一日一日の実践の中で、
何かを感じ、その中から気づきを重ねていくことによって、
人それぞれに真理に近づいていくのでしょう。

真実に生きていくということは、なかなか難しいものです。
私たちには清らかで、やさしい心がある反面、
とてもわがままなところもあります。
それゆえに、迷いの生死をかさねて、心の成長のために、
人生という行をしているのだといわれています。

人間関係はひとつの行と考えていいでしょう。
人間関係の苦しみの真っ最中にいる時には、
大きな苦痛を伴いますが、
心のなかのわだかまりがすとんと抜けおちた瞬間に、
嵐が過ぎ去った後のように心が穏やかになります。

他人に対し、つめたく、心ない言葉をかければ、
まわりまわって、自分にかえってきます。
誰にでも、分け隔てなくやさしい言葉をかければ、
まわりまわって、やさしさに包まれた人生になります。
こんな当たり前のことができずに、
苦しんでいた時もありました。

私の心にも闇の部分がたくさんあったでしょう。
そのまったただなかにいるときは、
まるで人生の迷路にいるようでした。
修行中、川の流れを見ても、光を見ても、
雄大な山の姿を見ても、
答えは書いてありませんでした。
ただ暑さや寒さの苦しみを体験し、
大自然の中で生かされていることを悟り、
お天道さまの温かな光のありがたさを感じ、
理屈抜きでわかってきたとき、
感謝で涙がこぼれました。
体を動かし一心に何かに打ち込んでいるうちに、
少しずつわかってくるものがあります。

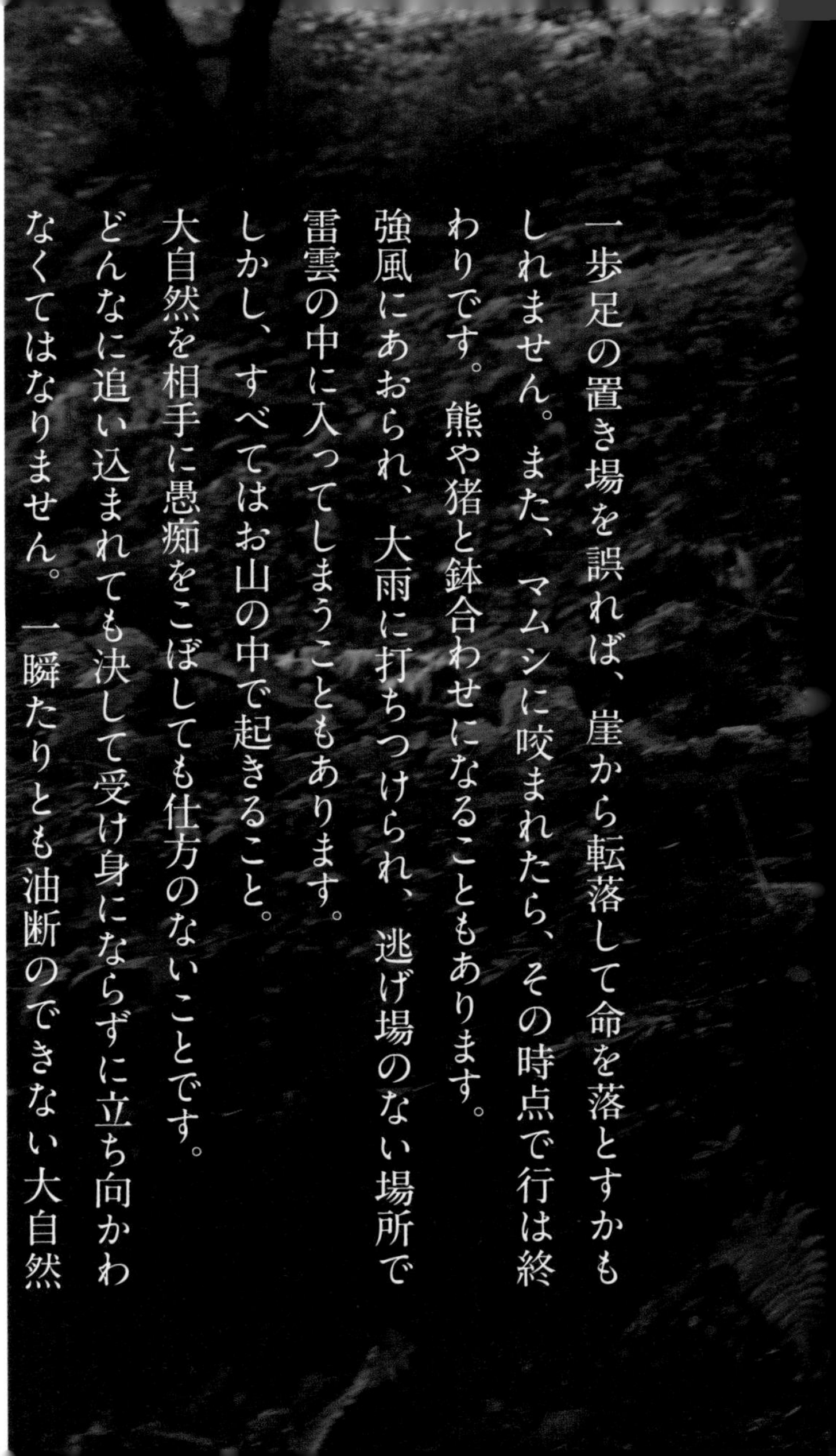

一歩足の置き場を誤れば、崖から転落して命を落とすかも
しれません。また、マムシに咬まれたら、その時点で行は終
わりです。熊や猪と鉢合わせになることもあります。
強風にあおられ、大雨に打ちつけられ、逃げ場のない場所で
雷雲の中に入ってしまうこともあります。
しかし、すべてはお山の中で起きること。
大自然を相手に愚痴をこぼしても仕方のないことです。
どんなに追い込まれても決して受け身にならずに立ち向かわ
なくてはなりません。一瞬たりとも油断のできない大自然
との闘いですし、自分自身との闘いでもあります。
いつも自分の百パーセントの力を出し切って立ち向かわなけ
れば、決して歩き続けることはできません。
ほんのわずかな油断、過信は死を意味します。

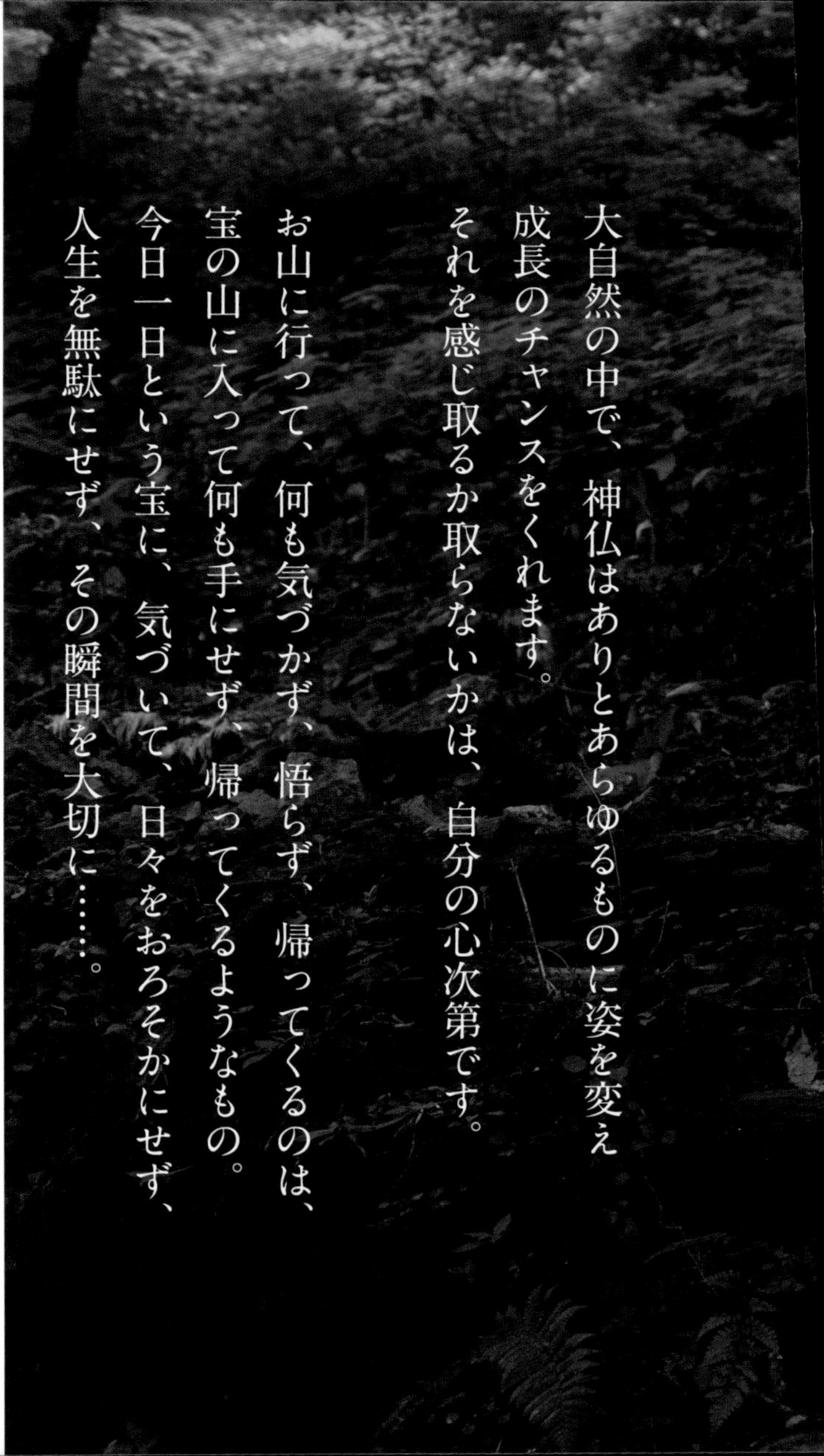

大自然の中で、神仏はありとあらゆるものに姿を変え
成長のチャンスをくれます。
それを感じ取るか取らないかは、自分の心次第です。

お山に行って、何も気づかず、悟らず、帰ってくるのは、
宝の山に入って何も手にせず、帰ってくるようなもの。
今日一日という宝に、気づいて、日々をおろそかにせず、
人生を無駄にせず、その瞬間を大切に……。

自己の悟りには、超能力的な奇跡や超常現象なんかまったく
関係がない。あらゆる執着を棄て、あるがままに生きていく
こと、人としてどう生きるか、ただそれだけです。

ただやっても一日は一日
精一杯やっても一日は一日。
しかし一年も経てば、
なかなか埋められない差がついてしまいます。

九十九パーセント駄目だと言われても
一パーセントでも可能性があれば、
挑戦し続けるべきです。
その一パーセントとは生きているという可能性です。

夢は努力の結晶で、叶う時があるでしょう。
その夢が叶った時、そこから先が大切です。

毎朝目を覚ますたびに
生まれ変わった気持ちで
熱い情熱をもってスタートする。
過去はどんなに振り返っても戻ってこない。
すべてを忘れて捨てて
また新たな情熱をもち精一杯生きる。
この前向きな気持ちが道を開く。
この一瞬を永遠と思い、
一期一会のご縁や出会いに感謝して、
今日もあるがままに淡々と。

優しさと笑顔を忘れずに生きていれば
いつのまにか雨がやんでお天道さまが顔を出し
晴れ間がひろがっていくように、私たちの心も
晴ればれとした境地を迎えることができるようになります。

人生ってすばらしい。
そして生きていてよかったと
心から思います。
人は一人では成長しません。
人に迷惑をかけ、
またかけられて、
お互いにぶつかりあって、
そうして心が成長します。
こう考えると、
つらい人間関係は、
自分の心を磨く砥石です。
人生は何一つ無駄なしです。

感情的にならず、
一呼吸おいて、
自分とまわりの
幸せを考えながら、
縁をうかがい
機をうかがいながら
少しずつ前に進めていく。
そういう寛容さと細やかさを
兼ね備えた、
落ち着いた人生を、
送っていただきたいと
思うのです。

千日回峰行に注ぐ情熱は、
一体どこから生まれてくるのだろうと
自分で思うくらいでした。
嫌だなと思う日、
行かなければならないと思う日がまったくなく、
一心不乱に行に立ち向かっていました。
そんな自分を支えてくれたのが、家族の絆でした。
お金がなくても皆で力を合わせて生きてきた絆と、
陰ながら祈ってくれるみんなの思いが、
天に通じて、不可能を可能に導いてくれたのでしょう。
神仏のご加護がなければ人は何もできない。
そのご加護は日々の祈りから。

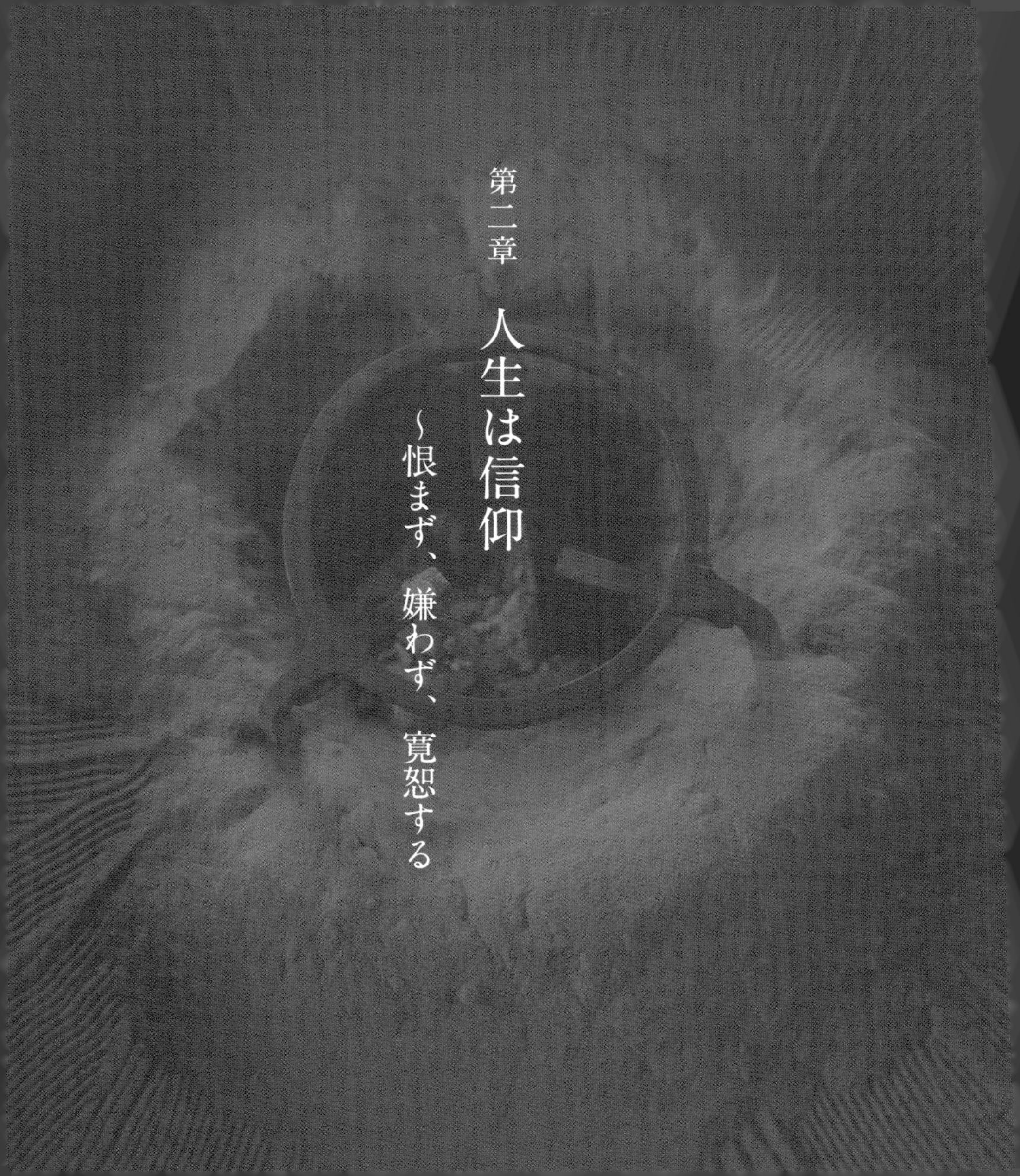

第二章

人生は信仰

~恨まず、嫌わず、寛恕する

崖っぷちに咲いている花は、
その場所まで行かないと見えません。
どんな望遠鏡を使っても見えません。
だから自分で歩いていかなければなりません。
歩いていった人にだけ、やがて見えてくるものです。
正理に生きていこうと実践した人にだけ、
やがて見えてくるものです。
そのために修行があります。
人生という修行があります。

お寺に入門し、特別な修行をした人でなければ
穏やかな心に到れないのかというと、そうではありません。
易行道という道もまた、真理に到る道です。
食も断たず、冷水も浴びず、身体の苦痛を伴うこともなく、
お釈迦さまをはじめとする
宗教の開祖が示してくれた道を手本として、
日常生活の中で、
ありとあらゆるとらわれから解放されて、
やがて穏やかな境地に到るという道もあります。

その人がおかれている環境、またいろいろな出来事、
すべてが人生の修行であると思うようになりました。

人は決して一人では生きていけません。
いろんな人とのかかわりあいによって生かされ、
そして出会いと別れを繰り返しています。
そのすべてのご縁に対して
感謝しなければと頭ではわかっています。
しかし何かにとらわれて、
つい感謝しきれない自分がいます。
まずはとらわれることのない心を養うことです。

本書をお買い上げいただき、誠にありがとうございました。
質問にお答えいただけたら幸いです。

◎ご購入いただいた本のタイトルをご記入ください。

『　　　　　　　　　　　　　　　　　　　　　　　　　　　　』

★著者へのメッセージ、または本書のご感想をお書きください。

●本書をお求めになった動機は？

①著者が好きだから　②タイトルにひかれて　③テーマにひかれて
④カバーにひかれて　⑤帯のコピーにひかれて　⑥新聞で見て
⑦インターネットで知って　⑧売れてるから／話題だから
⑨役に立ちそうだから

生年月日	西暦　　　年　　月　　日（　　歳）男・女			
ご職業	①学生	②教員・研究職	③公務員	④農林漁業
	⑤専門・技術職	⑥自由業	⑦自営業	⑧会社役員
	⑨会社員	⑩専業主夫・主婦	⑪パート・アルバイト	
	⑫無職	⑬その他（　　　　　　　）		

ご記入いただきました個人情報については、許可なく他の目的で使用することはありません。ご協力ありがとうございました。

郵便はがき

お手数ですが、
切手を
おはりください。

1510051

東京都渋谷区千駄ヶ谷4-9-7

（株）幻冬舎

書籍編集部宛

ご住所　〒

都・道
府・県

フリガナ
お名前

メール

インターネットでも回答を受け付けております
https://www.gentosha.co.jp/e/

裏面のご感想を広告等、書籍のPRに使わせていただく場合がございます。

幻冬舎より、著者に関する新しいお知らせ・小社および関連会社、広告主からのご案内を送付することがあります。不要の場合は右の欄にレ印をご記入ください。

不要 □

坐禅の「坐」という字は、土の上に人を二つ書きます。
これは、天地に生かされている本来の自分と、
気ままでわがままな自分を、
しっかり向かい合わせるという意味をもちます。

「清く正しく生きていきたい」という楽譜があれば、
あとは練習あるのみです。
演奏はうまくいくときも
いかないときもあるでしょうが、
その楽譜を徹底的に究めることが、
一日一日、真理に近づいていく一番の近道です。

情熱をもったとき、人は日々が楽しくなります。
情熱の炎がともっていない人に、
どうやってその楽しさを知ってもらえばいいのでしょうか。
情熱の炎が燃えていない人に、
どうやって炎を点火すればいいのでしょうか。
言葉に託し、文字に託して、
どれだけ私は多くの人たちに伝えることができるのか。
これもまたひとつの大きな壁であります。

「信仰」は「信じ」「仰ぎみる」と書くように、
自分の生きかたを正し、
他との調和を大切にして、
すべてに対し敬意をもって
生きる生きかたを、
探し求めることです。

人生には苦楽の先にある、
本当の幸せを求める、人それぞれの道がある。

生きかたは人それぞれにあると思います。しかし、
どのように生きるかという道標は、誰しも必要です。

人生、生まれてから、
あの世とやらに行くまでの行いのすべてが、
行であると考えたなら、
人生そのものが「信仰」ではなかろうかと思います。

慈しむ心をもって、
みんなで力を合わせて行かなければなりません。
そして自らを省みて、常に心の中で反省し懺悔して、
自分を高めていく。日々の生活の中に自分の成長があります。
今日より明日という心で命ある限り挑み続ける。
これが「信仰」ではないでしょうか。
うそ偽りのない生き方をして、
「真行」といってもいいかもしれません。

どんなことがあっても、人を恨まず、嫌わず、広い心で許す。
この寛恕《かんじょ》の心がまわりまわって、
穏やかな心となって人生にかえってきます。

お釈迦さまは、人間の思考を超えたものに関しては、
いっさいお答えにならなかった。
ただあるがままに、天地の道理にしたがって生きる。
これが大事なのだというのです。

むかしの人がよく
「お天道さまが見ているよ」と言っていたように、
人ではなく天を意識し、大自然を意識して、
自分の行いや言動を慎むべし、
ということであります。

第三章　心をこめて生きる

～人間関係こそ最大の修行

日本人である私たちのほとんどは、
毎日のご飯が食べられて、
屋根のある場所で寝ることができます。
人間生活の最低限の部分は満たされています。
ところが、そうなると、人間の心は自己中心的になってきて、
ままならないことをどうにかしたいという、
贅沢な心が芽生えてきます。

はじめから丸いおにぎりなんかありません。
自分で丸めていくから、おにぎりはだんだん丸くなる。
心も同じで、自分で調整していかないと、
いつまでたってもいびつなままです。

一日一回でもいいのです。
自分が「嫌だな」と思う人に、
笑顔を向けたり優しい言葉をかけてみてください。
はじめはむずかしくとも、
繰り返し試していると、
それがきっかけで打ち解けあうこともできるでしょう。

縁も、運も、自分の心から発するものです。
よき人と出会う、よき仕事と出会う、
よき縁に恵まれるのも、
すべて陰ながらの功徳によるものです。

何もしないうちから
「もう無理です、私にはできません」とあきらめずに、
思い切って一歩前に出て、
うまくいくかどうかはわからないけど、
「困難を乗り越えてやるぞ」といういきごみで挑戦する心。
まさに「災い転じて福となす」。
逆に困難を活かし福に変えてしまいましょう。

辛いこと、苦しいこと、
すべてを自分の心の鍛錬だと思い、
明るく前向きに気持ちを切りかえて生きることです。

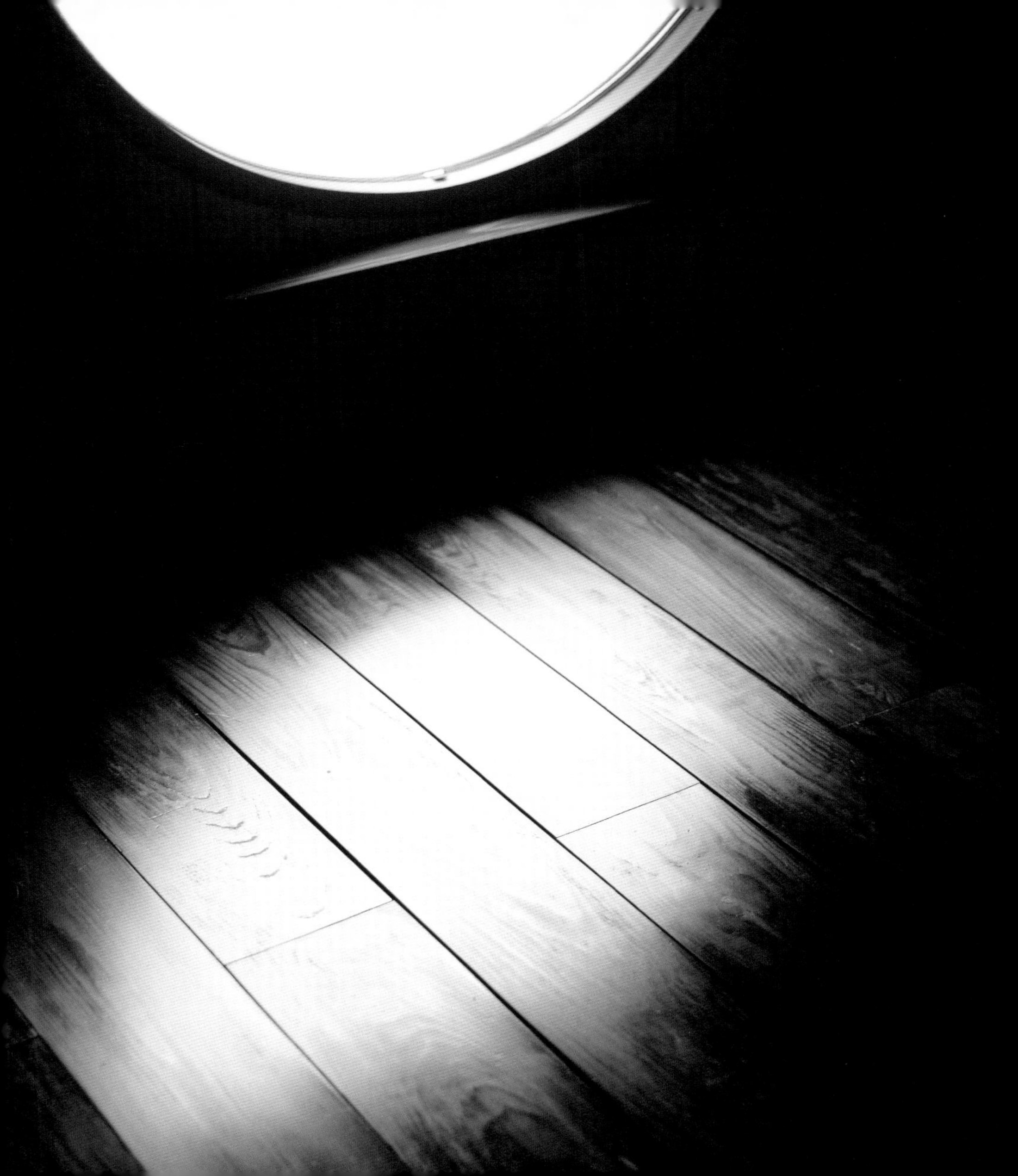

強みとはなんでしょうか。
それは清らかなる心とやさしさです。
これ以上の強みはありません。
この強みさえあれば、
どんな困難にも挫けることなく、
またどんな苦しみも幸せに変えられるように思います。
これが本当の強さです。

心が清く正しくありたいと願っていても、
人から受けた不快な言葉によって、
相手を恨んだり、憎しみの心をもったりすれば、
今の自分の心が、正しくなくなってしまいます。

心をこめて生きるから、心が変わります。
心をこめて語るから、相手の心に伝わります。
心をこめて行うから、
みんなが感動してくれるのだと思います。

心のこもった気遣いができる人は、
単に自分の思いを相手に押し付けるのではなくて、
その人が何をしようとしているのか、
自分に何を望んでいるのかを、
聞かなくても感じとって、
さりげなく表現できます。
これが気遣いの極意だと思います。

人が悩み苦しむのは、
何かにとらわれているからであり、
素直に優しさを表現できないからです。
それでもあきらめずに、
人を思いやり、
丁寧に生きていると、
やがてそれぞれの人生の中に、
心の中に、
素晴らしい悟りの花と
出会える日が来ると思います。
また、そのために人は、
この世に生まれてくるのだと
私は思います。

本当の喜びは、今自分が与えられている環境が、
本当はとても感謝なんだと、
心から気づいた瞬間に湧き上がってくるものです。

誰かにお仕えさせていただき、
皆さんが喜んでくださったら、自分の心が潤います。
前向きに考えれば、仕事は非常に楽しくなり、
いつの間にか次の日の分まで終わっていたりします。
仕事を楽しみ、自分との闘いに克つと、
とても有意義な一日になります。
このような心構えでいれば、いつか、
自然と皆から慕われるようなリーダーとなるでしょう。

花を見て怒る人がいないように、
笑顔を見て怒る人もいません。
「笑う門には福来《きた》る」といわれていますが、
笑顔というのは、人と人との心の潤滑油です。
苦しいことがあっても、笑顔を絶やさないでいると、
皆の心が潤い自然と幸福がおとずれます。

許したいのに許すことができなくて、
忘れたいのに忘れることができなくて、
捨ててしまいたいのに
捨てられない心を転じてこそ、心の幸せ。

今まで顔を合わせた時、
どうしても心の底から受け入れられなかった人。
どうしても心の闇としか思えなかった世界。
これをステップとして、
光ある人生に変えることができたのは、
本当に幸せでした。
忘れて、捨てて、許す。
この寛恕の心が人生を変えます。

第四章 すべてはあなたから始まり、あなたにかえる

～あせらない、憎まない、ねたまない

気づかい、心配りのさじ加減

朝になれば東の空から、お天道さまが昇り、
やがて夕方には西の空に沈んでいきます。
雨は天から地に降り注ぎ、とうとうと流れる川の水は、
大海原をめざして流れて行きます。
春から夏に、そして秋から冬に、大自然には、
ひとつの方向に流れる律があることに気がつきます。
そして日々移りゆく縁の中で、
喜びまた悲しみ、憂えている自分がいて、
その自分がこの世に今存在しているだけでありがたい。

初心には、謙虚さや素直さや情熱がありますが、
ついだんだんと慣れが出てしまうものです。
だからこそ情熱をもち、原点を忘れてはいけません。

という初心を貫き心をそこに止《とど》めることによって、
はじめて正しい心となるのです。
これがものごとを成就させるときの基本になります。

私たちが本来授かっているきれいな心は、「気づかい」です。
「気づかい」「心づかい」「心配り」これらは人間関係において、
たいへん大切なものであり、潤滑油のようなものといえるでしょう。

私利私欲なく、自分の真心を素直に表現すると、
少しずつまわりの人にその真心が伝わります。
そうしたところに自分とみんなの幸せが見えてきます。

自分が正しいからといって、強さが先行して優しさに欠けたり、
心配りが足りなかったりすると、陰で涙を流す人がいたりします。
ちょっとしたさじ加減で、微妙に変化する人生の料理は、
方程式のように毎回同じとはいきません。

立ち方、坐り方、歩き方、すべて心の表れです。
話し方や返事ひとつで自分の心が手にとるように、
相手に伝わってしまいます。

忙しいときこそ丁寧に

まちがっているかなと思っていても、つい欲が出てしまい、
誤った判断をしてみたり、人の目を気にして、
変な判断をしてしまったりすることもありますが、
是か非か、善か悪か、人の道に反することか、
そうでないかを自分でしっかり判断して、
歩んでいかなければなりません。

どんなアクシデントがあってもいいように、
「仕事は早く丁寧に」を心がけ、
時間の貯金をしなければなりません。

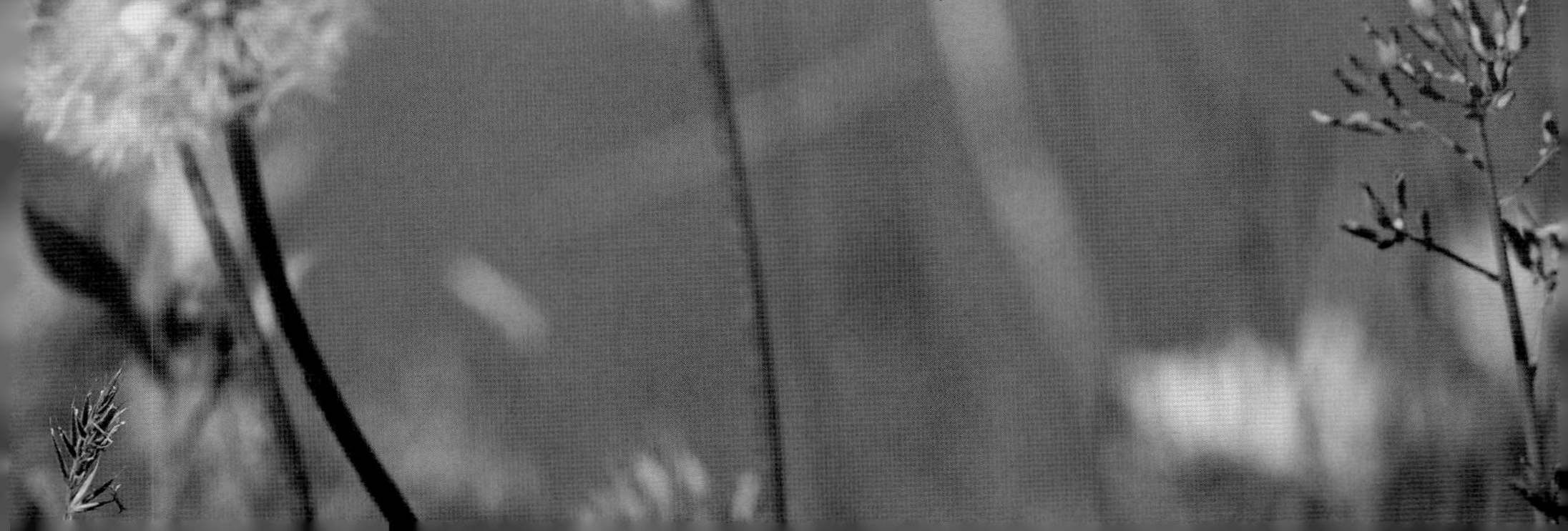

何かあってから対応したのでは、後手になります。
どんなことがあってもいいように、必ずゆとりをもつことです。
これが長い間何かをなす時の秘訣です。

忙しいという言葉の「忙」という字は、
心が亡くなると書きますが、自分を見失うほど
めまぐるしく時が流れるような忙しい時期があってもいいと思います。
第一線で活躍している人達は、
必ず地獄のような下積みを経験しています。

若さゆえに、どんな苦しみも吹き飛ばす力があります。
しかし歳を重ねるごとに苦しみを生かす智慧が備わります。
人生とはなんと学びの多いことでしょう。
なんとすばらしいことでしょう。
また生まれ変わっても、
人としての道を極めたいと思えてなりません。

恨みも憎しみも自分にかえってくる

厳しくもあり、優しくもある大自然、
感謝の気持ちと他を思いやり、足ることを知る。
そんなルールを守れば、大自然は怒りません。
とてもわかりやすく簡単で、
三歳の童子にもわかることですが、
百歳の老翁にも成しがたいことです。

恨みや憎しみは、おそらく大自然の原理原則に反することですから、
天に向かって吐いた唾が自分に落ちてくるように、
恨みも憎しみも自分にかえってきます。

人が見ていなくてもがんばる人、
人が見ているところだけがんばる人、

さまざまですが、
その人自身がどのような心構えで日々を過ごすかが一番大切です。

やさしい言葉を誰かにかければ、
まわりまわって
どこからともなくやさしい言葉がかえってきます。

心と心の絆、そこには目に見えない、
心の呼吸が存在する。

人それぞれに何に価値をおくかによって
違うと思いますが、
円満な人間関係こそが一番の幸せです。
縁あって出会った人と
心からわかり合える喜びです。
これが一番ストレスを感じません。

誰が尊いわけでもない、天の高みから見下ろせば、
同じく息をしている私たちひとりひとりが分け隔てなく、
みな平等に尊いのである。

今目の前にいる一人の人を楽しませることができたら、
とても素晴らしいことだと思います。
とても地味なことかもしれませんが、とても大切なことであると思います。

明るく元気に上手でも下手でも、精一杯なすべきことを一段一段、
ただそれだけ、それ以外に道なし。

限界を押し上げる努力

「人生ってわからない。どう生きたらいいんだろう」と言って、
悩んでいる人もいるかもしれませんが、
誰の心の中にも、ちゃんと、

やっていいことと悪いことの、
善悪の価値基準みたいなものはしっかりとあるようです。

どんな仕事でもそうだと思いますが、
プラスアルファの不可思議な力が出たときに、
人の心を動かしみなさんに感動していただける。
自分の限界を押し上げるような、
努力をするからこそ、自己の成長があります。

師匠に教わったことを今、みなさんにお伝えし、
また誰かが同じようなことをどこかで伝えていくのでしょう。

仏さまは毎日変わらずに、
同じお顔で私たちにほほ笑んでくださいます。
どんなに悪いことをしていても、どんなによいことをしても、
同じ表情で私たちを見つめ続けてくださっています。

正直者はばかを見ない

正直は一生の宝、ずるがしこい人は一時はうまくいっても、
やがて信頼を失い、最後は寂しい人生を歩んでしまうようです。

「正直者はばかを見る」などと言われていますが、正直が一番です。
「あの人は、ばかがつくほど正直だ」とは言っても、
正直者を卑しめることはありません。

やるべきことをやらずに手を抜いて叱られるのは当たり前です。
暗くならずに明るい心をもって再スタートです。
いつも前向きな姿勢です。

世の中には感情的に怒る人もいれば、
立場を利用して理不尽なことを言ってくる人もいたり、

ずるいことをする人もいますが、
正直に生きて、
いつかはみんなで気づいて、
よりよい世の中になるよう、
心がけていかなければなりません。

人と人との人間関係があるからこそ自分の心が磨かれる。
孤独で厳しい山の行にも意味がありますが、
生涯一人で山にこもっているわけにはいきません。
本当の人としての行は、里にあるのです。

「何がよくて、何が悪いのかわからなくなってきた」という場合、
ひとつの考え方として、
みんなに喜んでもらえることがよいことで、
人を悲しませることが悪いことと考えてみると、
みえてくることがある。

謙虚に、素直に

最初はガンガンと力任せに歩いていましたが、
だんだんと一歩一歩「謙虚、素直、謙虚、素直」と心の中で唱えながら、
軽やかに明るく、まるで幼子が野山を散歩するように、
歩いている自分がいました。

山歩きで謙虚と素直が大事と悟ったように、
人生も謙虚と素直が一番です。
謙虚であれば、どんな人の意見にも耳を傾けることができ、
素直であれば、まっすぐに受けとめることができるのです。

リズムと呼吸、そしてあせらずに、
同じ道を同じペースで同じ心で、ぼちぼちと歩む。

お茶碗にどんぶり一杯の水を入れたら当然水があふれ出します。
どんなことをも受けとめられる大きな心の器をもつ、
「仏さまのような人」になれるよう努力することです。

早く早くと、あせらない。一日一日を、根気よくひたすらに

行はチャレンジでもなければ、冒険でもありません。
自慢したり勲章にしたりするのは間違いです。
大切なのは後悔しないよう、日々根気よく丁寧に、
一日一日を精一杯ただひたすらに、
心清らかに積み重ねていくだけです。
早く早くとあせればあせるほど、
息が乱れどんどん遅れてしまいます。

逆に気持ちを切りかえおちついて行動することにより、
次の波に乗ることができ、
いつもより早く歩けたりするものです。
その難しさがあるからこそ、
行も人生も奥が深く、
学びは尽きることがありません。

この大自然は微妙かつ素晴らしいバランスで、
私たちをつつみこんでくれています。
人間がどのような知恵をもってしても、
つくりあげることができない世界につつまれています。

たとえ九十九だめでも、たった一つでも心の中に、
「がんばるぞ」という気持ちをもち続けることです。
その心がやがて二となり三となり、
勢いがついてどんどん加速して元気になってきます。

誰に見られるということを意識しない野に咲く一輪の花のごとく、
御仏に対してただ清く正しくありたい。

心は磨いてこそ

他人を思いやる心はとても大切で、
他人のために生きてはじめて、心の幸せを実感できるのです。
どんな人でも清らかでやさしい心をもってはいるものの、
とてもわがままでもあります。
このわがままな私たちの感情と感情がぶつかり合いますので、
人間関係はとても辛いものです。
しかしこの人間関係こそ、人として生を受けた私たちに
与えられた最も大切な修行であります。

どんな石でも磨けば光ります。
きれいに光り輝くダイヤモンドも原石のままでは光りません。

道端のどんな石でも磨けば必ず光るように、
心も磨いていれば必ず光り輝きます。

すべては足りている

人として生まれてきて大切なことはたくさんありますが、
三つあげるとすると
よく感謝し、反省の心をもち、思いやりの心をもつことです。

もっているものが少なければ少ないほど、
よりよいものが心の中からどんどん湧いてまいります。
足ることを知ることによって、
人の心は幸せになれるのだと思います。

ご飯とみそ汁だけでも幸せと思う人もいれば、
もっともっとほしがって「自分は不幸だ、不幸だ」と言う人もいます。

しかしすべて足りると思った瞬間から心は豊かになります。
すべては心次第です。

足ることを知ること、心が豊かであるということ、
ものごとのとらえかた次第で、幸せにもなれば不幸にもなります。

自分の心からすべて発している

伸びる人と伸びない人との違いは、まず言い訳をするかしないかです。

はじめから上手にできるということはありません。
どんな達人といわれる人でもはじめは初心者です。
迷うときもあり、悩むときもあり、不平不満をもつときもあるし、
押しつぶされそうになるときもあるでしょう。
しかし心の片隅でもかまいません。
「がんばるぞ」という小さな努力の火を絶やしてはいけません。

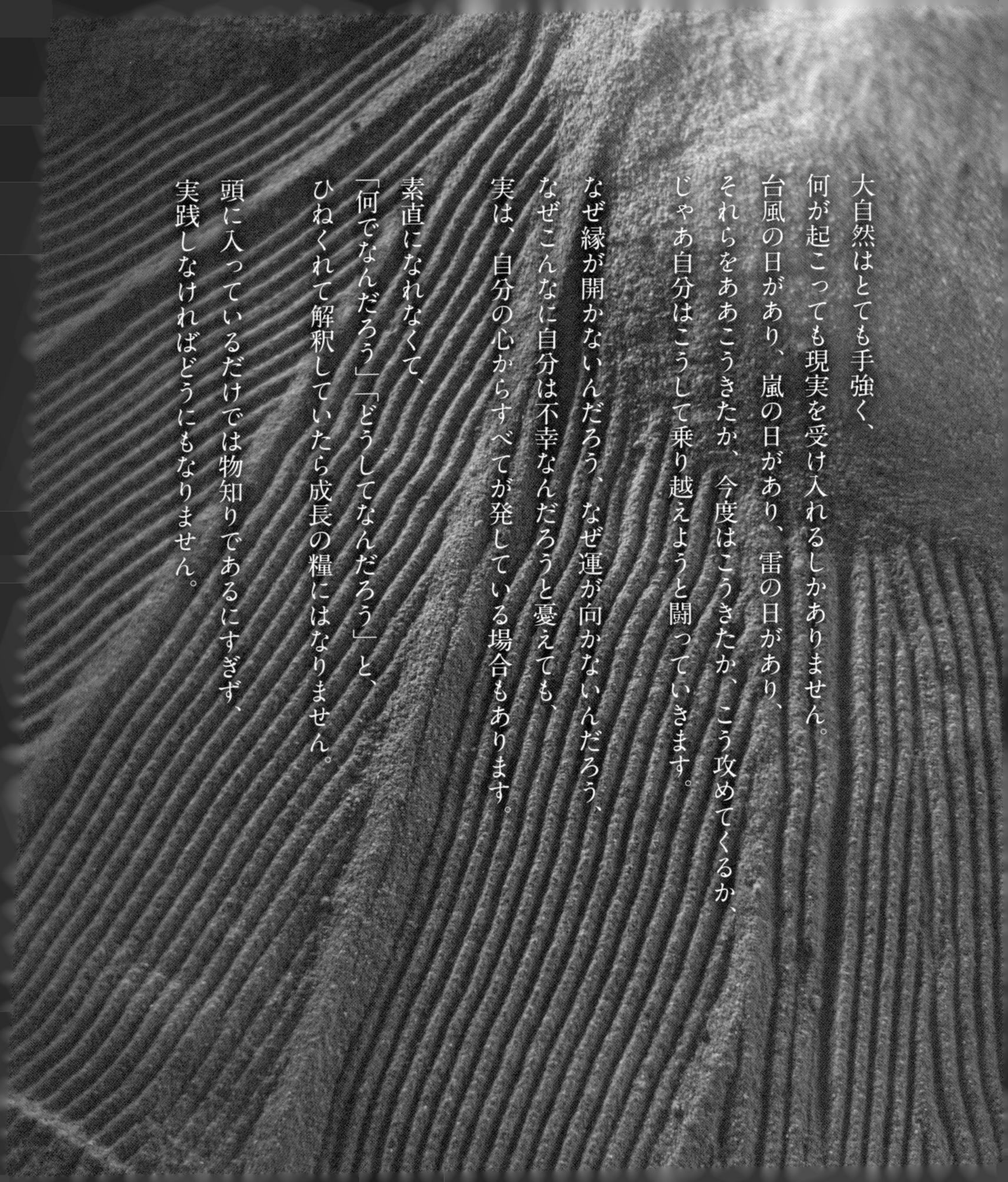

大自然はとても手強く、
何が起こっても現実を受け入れるしかありません。
台風の日があり、嵐の日があり、雷の日があり、
それらをああこうきたか、今度はこうきたか、こう攻めてくるか、
じゃあ自分はこうして乗り越えようと闘っていきます。

なぜ縁が開かないんだろう、なぜ運が向かないんだろう、
なぜこんなに自分は不幸なんだろうと憂えても、
実は、自分の心からすべてが発している場合もあります。

素直になれなくて、
「何でなんだろう」「どうしてなんだろう」と、
ひねくれて解釈していたら成長の糧にはなりません。

頭に入っているだけでは物知りであるにすぎず、
実践しなければどうにもなりません。

呼吸は息をはくから息が吸えます。
優しい言葉も相手にかけるから
優しい言葉が返ってきます。
呼吸も人を思いやる心も変わりありません。

無邪気の大切さ

昔の偉い人は、
自分のまちがいを指摘してくれる人を必ずそばにおいていたそうです。
自分の心の向上を望むかぎり、
聞きたくないこと、言われたくないことを言ってくれる人が必要です。

気づいたときにはすでに人生が始まっています。
舞台やお芝居ならば、練習があり本番がありますが、
人生というものは気がついたときには、
すでに本番が始まっています。

今日という一日は、
人生にとってかけがえのない大切な一日だと思います。
そして、その日の出会いに感謝して、
穏やかに明るく楽しい時間を皆と共有できたならば、
素晴らしい一日となり、心が充実することでしょう。

無邪気とは、
邪な心がないということですが、
かつて幼いころ私たちには、
誰にでも、優しく素直な心があったはずです。

誰の心の中にも本来の優しく素直で無邪気な心があるはずです。
その心を取り戻し、
素直に表現していくことが今とても大切です。
思いやりの言葉、思いやりの行動こそが、
失われた家庭や社会の絆を取り戻す道です。

大事な成長のポイントは、叱られたときには深く反省をする。
しかし、すぐ立ちなおって、
反省を生かした新しい自分を表現することです。
何ごとであれ、上手でも下手でも、
精いっぱいさせていただくのが私はとても好きです。

今日できることは今日のうちに

よいことも悪いことも半分半分で、辛いことも苦しいことも、
楽しいこともうれしいことも同じくらいめぐってきます。
「他人の畑はよく見える」と言いますが、
自分の畑だってよその畑と変わらないのに、
よその畑のほうがよく見えてしまうものです。

人を批判せず、自らを悔い「心から受け入れられなくてごめんね」と、
祈る心をもつことにより、嫌いな人がいなくなります。

今日できることは今日のうちに、
そして明日の分もできるときには努力すると、
心にゆとりが出てきます。
その心のゆとりが人に対するやさしさとなり、
よき縁をもたらします。

誰にもわからないように、
いつも元気なふりをしていましたが、
舞台裏はいつも大変です。
ひとつの壁を乗り越えると、また次の壁がありと、
神仏が私を成長させてくれるために、
天からたくさんの試練というプレゼントをしてくださいました。
しかし、ひとつだけ胸を張って言えることは、
どんなに辛くても、苦しくても、
「嫌だな、行きたくないな」という日は、
一日もなかったということです。

「妥協できるとしても、我慢して妥協しない」
この徹底的に追い込む考え方と、「ぼちぼち」という考え方、
この二つのバランスが今の私をつくっています。
それが千日回峰行にも反映されましたし、
行を終えてからの一日一日の過ごし方にもよい影響を与えています。

結局、私たちは追い込まれないと、
本来の力が眠ったままなのかもしれません。
土壇場に追い込まれてはじめて自己を省みたり、
第三者的に自分を見つめて自分のいたらなさや未熟さを悔いて
生まれ変わる。修行にはそういう利点があります。

辛抱の先に見えてくるもの

人が見ていても見ていなくても、仏さまはすべてを見ておられます。
誰も見ていなくても、努力を積み重ねて、はじめてよい結果がおとずれます。

努力をせず結果を求めると、
人生がとんでもない方向に行ってしまいます。

否定されることに耳をふさいで、
「もう、これ以上は言わないで」と心のシャッターを閉めてしまえば、
そこで成長は止まってしまいます。

「今日は忙しかったから」
「今日はこういうことがあったから」
なんて理由をつけて手を抜いていると、
後から大きなしっぺ返しがやってきます。

素晴らしい野菜になってもらうには、折を見て、
水をかけ、土を寄せ肥料をやらなければいけません。
情熱ときっかけがあれば物はつくれますが、
それをしっかりしたものに育てていくということは

とても大変で、辛抱が必要です。
これは野菜づくりにしても子育てにしても同じです。
辛抱の先に見えてくるものがあります。

心と言葉と行いを正し、どのように人生を刻んでいくかにより、
その人の人格なり品格なりが高まっていきます。

こんな時代だからしょうがないと言わないで、
どこかで活路を見出して、
もうだめと言わないで、最後の最後まであきらめてはいけません。

水が高きから低きに流れるように、
川の流れひとつにも大自然には理《ことわり》があり、
人間が何をどうしようが変えることはできません。
その理を変えるのではなく、私たちが理に適《かな》った生きかたができるように、
つまり、人間本来の姿に立ちかえる生き方をしなければなりません。

晴れの日も雨の日も

嫌なことや、思い通りにならないことがあっても
心を曇らせることなく、ありのままに受け入れて、
自分の心が左右されないようにすることがとても大事です。
そして一定のリズムで生活できたとしたら、
どれだけ幸せなことかと思います。

いやいややっても、次のステップには進めません。
常に挑戦する心が大切です。

人生には確かに辛いことも苦しいことも数多くありますが、
ふりかえってみれば、楽しいことも喜びも必ずあるはずです。
いや、辛いことや苦しいことを乗り越えてこそ、
喜びが得られ、楽しいことがあるのではないでしょうか。

一日一日というこの宝を粗末にしないで、
一挙手一投足に気をつけ、
投げかける言葉のひとつひとつにも細心の注意を払って、
自分の優しさと思いやりを静かに表現していくことが、
この時代に一番必要なことではないかと思うのです。

人の心は相手には見えません。
しかしうまくごまかしたつもりでも、不思議と伝わっているものです。

人生だって毎日がいいことばかりではありません。
晴れの日もあれば雨の日もあるように、
いろいろと思いがけないことも起こるでしょう。
しかし、どんなことが起ころうとも、あせらずに、
ぼちぼちと目標に向かって前に進んでいると、
何か見えてくるものがあります。
そんな、ひとつひとつの積み重ねが人生なのだと思います。

何があっても歯を食いしばり、
同じことを同じようにさせていただくことは、行の基本です。

当たり前のことを繰り返す

相手に尊敬の念をもって、もし何か失敗したら、
同じ過ちを繰り返さないよう努力する。
その積み重ねで、おにぎりが丸くなってくるように、
自分自身の心も丸くなってくるのです。

お寺での日常の修行には、
むずかしいことはありません。
朝起きて、勤行をして、ご飯をいただいて、寝るだけの生活の中で、
挨拶や気配りをちゃんとする。
この当たり前のことが当たり前にできないから、
当たり前のことを毎日繰り返し行じます。

短期間にたくさん努力をするのでなくて、
一日一ミリでかまいませんから、
少しずつ、しかし長いあいだ努力をつづけることが、
自分を育てる本当に大事なポイントなのです。

人生とはなんなのか、生きるとはなんなのか、
答えをもっている人、いない人。そして、わからないという人。
ただひとつ、明らかにわかっていること。
それは、気づいたときにはすでに、人生は始まっていたということです。

元気を出して再挑戦

小僧時代の修行は、とても大切です。
人は誰でも、自分はまちがって生きているとは思っていませんし、
他人から注意されれば、自分がまちがっているとわかっているときでも、
つい、腹を立ててしまうという、とてもわがままなものです。

しかし、相手や周囲のことも考えずに、
自分勝手にわがままを通していれば、
まわりの人に迷惑をかけてしまい、
しまいには、人から相手にされなくなり、
独りぼっちになってしまいます。

自分が相手に対して思いやりを与えるから、
まわりまわって、思いやりがかえってきます。
また、どんな人も受け入れる心があるから、
自分もみんなから受け入れられます。

苦しくともぐっと歯を食いしばり、一ミリたりとも後退せずに、
真心をこめて精一杯努めるのか、
それとも「あそこでもうちょっと辛抱しておけばよかったな」と
後悔する一日になるのか、
それによって心の充実感がまったく違ってきます。

「今日は噛み合わないからもう駄目だ、適当にやろう」
というのではなく、
「今日より明日、明日より明後日」という向上心が、
絶対に欠かせないと思っています。

いま現実の自分の一日をふりかえったら、
思いどおりにならないことばかりでしょう。
そこから逃れたいとか避けたいとは思わずに、
むしろバネとして、
困難を一段一段乗り越えていくことこそ、
まことにすばらしいことではないかと思います。

心のどこかで常に向上心をもち、
五年、十年と日々を積み重ねていくことで、
その人からにじみ出てくるものがある。
今日「いま」この時の心がどれほど大切なことか。

日常生活の中で、取るに足らないような些細なことで、
「言った」「言わない」と目くじら立てて、言い合いをしないこと。
自分の心にやましい気持ちがなければ、言い訳せずに、
淡々と変わらない姿勢で生きること。
やがて月日が経ち誤解が解けたときには、
かえって倍の信頼を得たり、心の成長につながります。

何かひとつの壁につきあたり、
悩み、苦しみながらも試行錯誤していると、
何か一段ステップアップする感覚をおぼえます。
おそらく人生の最後の最後までこの繰り返しに違いありません。

何もしないまま、
駄目だ駄目だと言っていても仕方ありません。
駄目なときは仕切り直して、
元気よく再挑戦あるのみです。

なるようになる

人生の中で窮地に追いこまれることがあると思います。
そんなとき、「なるようになれ」という言葉は、
開きなおりのように聞こえるかもしれませんけれど、
しかし実際、なるようにしかならないのです。

いつも感謝の心で、充実した日々を送ることができるようになる。
この心の幸せは、いくらお金を出しても買うことはできません。
しかし、ちょっとした心の転換と辛抱で、
誰にでもできることです。

歩みを止めたら旅は終わります。
歩み続けるからこそ旅が続きます。

塩沼亮潤《しおぬま りょうじゅん》

福聚山 慈眼寺 住職
大峯千日回峰行大行満大阿闍梨

昭和43年、仙台市に生まれる。同62年、吉野山金峯山寺で出家得度。平成3年、大峯千日回峰行入行。同11年、金峯山寺1300年の歴史で2人目となる大峯千日回峰行満行。同12年、四無行満行。同18年、八千枚大護摩供満行。現在、仙台市秋保・慈眼寺住職。大峯千日回峰行大行満大阿闍梨。『人生生涯小僧のこころ』（致知出版社）、『縁は苦となる苦は縁となる』（幻冬舎）、『大峯千日回峰行』（共著）、『〈修験〉のこころ』（共著）、『忘れて捨てて許す生き方』『人生でいちばん大切な三つのことば』『春夏秋冬〈自然〉に生きる』（以上、春秋社）ほか著書多数。

幸《さいわ》いをいただきまして

このひとときを大切に

二〇二一年六月一〇日　第一刷発行
二〇二一年一〇月一五日　第三刷発行

著　者　塩沼亮潤
発行人　見城　徹
編集人　福島広司
編集者　鈴木恵美
発行所　株式会社　幻冬舎
〒一五一-〇〇五一　東京都渋谷区千駄ヶ谷四-九-七
電話　〇三（五四一一）六二一一（編集）
　　　〇三（五四一一）六二二二（営業）
振替〇〇一二〇-八-七六七六四三
印刷・製本所　錦明印刷株式会社

ISBN978-4-344-03812-7　C0095

幻冬舎ホームページアドレス　https://www.gentosha.co.jp/
この本に関するご意見・ご感想をメールでお寄せいただく場合は、comment@gentosha.co.jp まで。